AF454421

MOTIFS

DES RESOLUTIONS

DU ROY.

Déclaration du Roy aux Electeurs
et Princes de L'Empire

Quoique le memoire des troupes qui determinent
les resolutions du Roy ait suffisamment montré
a L'Europe la pureté des intentions de Sa Majesté
Cependant en même temps quelle fait passer
le Rhin a ses troupes elle veut encore faire
connoître plus particulierement ses sentimens
et ses principes; Elle desire de conserver la paix
avec le corps germanique, Elle est dans la
disposition d'observer avec luy les traités de paix
aussy longtemps que Sa Majesté pourra le
regarder comme amy: Si Sa Majesté en
attaquant le fort de Kael s'assure des passages
sur le Rhin, ce n'est point par une mauvaise
intention contre le corps germanique dont
elle a fait voir dans plus d'une occasion
que les interets luy etoient chers, Elle ne
veut a aucun de ses membres, Elle ne
veut mesme en prenant des passages sur le

69

Rhin, et se mettre en Etat de Secourir ceux
des Princes d'allemagne que L'empereur voudra
forcer a servir Ses vües particulieres et L'execution
de ses projets; Elle a donné Ses ordres aux Generaux
pour que les Etats des Princes qui ne prendront
point de party, et qui ne donneront point de
Secours contre elle, Soient traittés avec toutte
Sorte de menaggement; Sa Majesté contente de
ce qu'elle possede, et bien Eloignée de vouloir
faire Servir le Succes de Ses armes a reculer
Ses frontieres, n'hesite point de declarer
Solemnellement qu'elle n'a aucune envie de
faire des conquêtes ny de conserver des
etablissemens qui pourroient interesser la Seureté
du territoire germanique; Elle veut Seulement
poursuivre Son juste ressentiment des Sujets
de mecontentement que L'empereur luy a donné
a la face de toutte L'Europe; Elle ne
negligera rien pour que les Princes

d'allemagne reconoissent de plus en plus
chaque jour combien elle desire de conserver
avec eux cette bonne intelligence si necessaire
et si convenable entre le Corans du traitté
de Westphalie et les membres du corps
Germanique

Le Roy a nommé ce soir Mr.
Le Mareschal de Villars, Mareschal
General de ses camps et armées /.

LE ROY a donné depuis son avenement à la couronne, des preuves éclatantes de sa modération, & de son amour pour la paix ; peut-estre même pourroit-on luy imputer de les avoir portées trop loin : Cependant il a préféré le repos & la felicité de ses peuples, à la funeste ambition d'estendre les limites de son empire. Mais la modération a ses bornes comme les autres vertus, & l'Europe joüiroit encore d'une tranquillité profonde, si les ennemis de la France n'avoient pas forcé Sa Majesté à prendre les armes pour deffendre la dignité de sa couronne, la gloire de la nation françoise, l'honneur & la liberté de la Pologne.

Depuis que le Thrône de Pologne a esté vacant, le Roy a constamment respecté la liberté Polonoise; il n'a rien exigé d'un peuple libre, & seul arbitre de son sort. La Republique elle-même a imploré son secours; elle a redoublé ses instances, à mesure que ses allarmes croissoient, & qu'elle se voyoit environnée d'armées ennemies ; elle a cherché dans l'équité & dans les forces de Sa Majesté, un asyle toûjours ouvert aux puissances qui sont menacées d'estre opprimées. Le Roy, à l'exemple de ses ancestres, a assûré sa protection à la Pologne : il l'a declaré * à tous les Souverains; mais dans les termes les plus mesurez, & avec cette modération digne des grands Princes. Il a même, dès les premiers moments, fait connoistre à la Cour de Vienne ce qui pouvoit seul prévenir les troubles en Europe; & toutes les démarches qu'il a faites depuis, sont autant de monumens illustres de son amour pour le maintien de la tranquillité publique.

Une conduite aussi sage n'a pas empêché la Cour de

marginal note: * Cette decla-ration est impri-mée N.° 1.

4

Vienne, d'éclater contre un Prince né dans le fein de la Pologne, & attaché au Roy par des liens auffi étroits. Cette Cour encouragée par tant de mefures anterieures, favorables à fes projets particuliers, a prodigué pour ré- * Cette réponfe eft imprimée N.° 2. pondre * à la declaration de Sa Majefté, les termes les plus offenfans, & qui devroient eftre inconnus entre Prin- ces que leurs fceptres rendent égaux. Le Roy n'eft point forti des bornes que fa fageffe luy avoit prefcrites : Il ne s'eft point preffé de tirer la vengeance que demandoit une infulte qui luy devenoit perfonnelle ; & fi les préparatifs neceffaires ont annoncé fon jufte reffentiment, il en a fufpendu les effets jufqu'au moment où il ne luy a plus efté poffible de conferver la paix, fans bleffer la dignité de fa couronne, & l'honneur de fon fang.

Peut-on douter que l'intereft perfonnel de l'Empereur n'ait décidé de fa conduite, & n'ait déterminé les engage- mens qu'il avoit pris pour difpofer d'une couronne in- dépendante de l'Empire, & qui n'eftoit pas même encore vacante ! Il prétendoit exclurre également le Roy Staniflas par le feul motif de fes liaifons avec la France, & l'Electeur de Saxe parce qu'il paroiffoit alors avoir des interefts oppofez à ceux de la Maifon d'Auftriche. La mort du Roy Augufte a donné lieu à de nouveaux projets : Cet Electeur s'eft hâté d'entrer dans toutes les vûës de l'Em- pereur, & dès-lors il a ceffé de meriter l'exclufion que ce Prince & la Czarine luy avoient donnée. Cette exclufion a efté levée ; l'on a promis par un nouveau Traité, d'élever l'Electeur de Saxe fur le Thrône de Pologne, & les troupes ennemies fe font rapprochées de la Republique, pour la forcer à foufcrire à ces arrangemens.

Les Polonois ont crû neceffaire à leur liberté, d'exclurre tout Prince eftranger de la couronne qui eftoit vacante.

Cette exclusion a esté prononcée par la Diette de convocation; & elle a paru si essentielle, qu'elle a esté affermie par un serment solemnel. La Cour de Vienne a voulu franchir cette nouvelle barriére ; il n'est rien qu'elle n'ait tenté pour procurer l'absolution de ce serment; comme si les interests, & les projets sans bornes de la Maison d'Austriche, devoient décider d'un engagement consacré par la Religion.

L'Empereur a redoublé ses efforts; il avoit annoncé « Qu'il ne permettroit jamais que Staniflas remontât sur le « Thrône sous pretexte de sa premiere election, ou de « quelqu'autre maniere que ce fût ». Ses Ministres près de la « Republique ont agi dans une parfaite intelligence avec ceux de Saxe & de Moscovie ; ils ont même fait trophée de leur union, ils l'ont publiée * avec éclat à Warsovie : toutes leurs declarations ont esté faites dans le même esprit, mêmes insultes au Roy de Pologne, mêmes ordres à la Republique; les menaces, les intrigues, les suppositions les plus calomnieuses, la marche des Troupes, tout a esté concerté entre eux, tout leur a esté commun. Les Ministres de Saxe & de Moscovie, lors de l'élection, se sont retirez chez celuy de l'Empereur; & afin qu'il ne restât plus aucun doute de leur union, le Ministre de l'Empereur s'est joint à celuy de Moscovie, pour notifier publiquement au Primat l'entrée des Moscovites en Pologne, & pour montrer à la Republique assemblée les fers qu'on luy avoit préparez.

La Cour de Vienne a-t-elle pû penser en imposer à l'Europe, & se flatter de dissiper l'orage, en differant de faire entrer ses troupes en Pologne, lors même qu'elle déterminoit les Moscovites à y faire une irruption ! Elle a esperé que les armes des Moscovites suffiroient pour

** Cette declaration est imprimée N.° 3.*

intimider & affervir les Polonois ; & d'ailleurs les troupes Imperiales & Saxonnes n'eftoient-elles pas toûjours fur les frontieres de la Pologne, preftes à y entrer pour foûtenir leur violence !

A tous ces traits, il eft facile de reconnoître l'aggreffeur. Les traitez par lefquels l'Empereur a voulu difpofer en Maiftre abfolu de la Couronne de Pologne; l'exclufion qu'il s'eft efforcé de donner fans authorité & fans pouvoir, à un Prince que fes vertus rendent digne du Thrône; les affûrances données à l'Electeur de Saxe, pour recompenfe de fa docilité; la marche des troupes Imperiales, de concert avec celles de Saxe & de Mofcovie ; l'hoftilité que les Mofcovites ont commife dans le temps même de l'élection, pour affûrer par la force des armes l'execution des projets de l'Empereur, cette hoftilité approuvée, & même annoncée par fon Miniftre : Toute cette conduite fera à jamais un témoignage public que ce Prince eft feul autheur de la guerre; qu'il a forcé le Roy à prendre les armes, par l'outrage qu'il a voulu faire à Sa Majefté, & par les violences exercées, ou par luy, ou de fon aveu, contre la Republique de Pologne.

Si tous ces efforts ont efté inutiles lors de l'élection, le Roy & le Royaume de Pologne en font uniquement redevables à celuy à qui feul il appartient de difpofer des couronnes, & qui tient en fes mains les cœurs des peuples comme ceux des Rois. Le courage des Polonois les a affranchis de la fervitude dans laquelle la Cour de Vienne vouloit les précipiter : mais le Roy ne peut demander raifon qu'à l'Empereur, de fon oppofition au reftabliffement du Roy de Pologne, de fes declarations injurieufes refpanduës dans toute l'Europe par les ennemis qu'il a fufcitez à la France & à la Pologne qui ne defiroient que la paix & la liberté, des conseils qu'il a donnez à la Cour de Russie, des esperances dont il a flatté celle de Saxe, enfin de tous les efforts qu'il fait encore pour soûtenir ses premiers projets.

Envain la Cour de Vienne espere de cacher ses intrigues aux yeux de l'Europe, on retrouve par-tout ses conseils, ses principes, ses expressions indécentes, ses desseins formez contre la liberté Polonoise.

Le Prince respectable contre lequel l'Empereur s'éleve, est le même en qui la plus grande partie des Souverains de l'Europe, & nommément l'Empereur Joseph, avoient reconnu le sacré caractere de la Royauté. L'alliance que le Roy Stanislas avoit contractée avec le Roy, a changé les dispositions & le langage de la Cour de Vienne : ce Prince est devenu dès-lors, selon l'expression des Alliez, « un citoyen proscrit de sa patrie ». Cette variation auroit de quoy surprendre, si l'on n'en voyoit pas le principe dans le projet que l'Empereur a formé d'offenser Sa Majesté dans la personne d'un Prince qui luy est cher, & de se rendre le dispensateur des couronnes.

La Republique de Pologne n'a point de prérogative plus pretieuse que celle de disposer de son Thrône, attribut éminent de sa liberté, & pour la conservation duquel on l'a vû verser son sang. L'Empereur a voulu y donner atteinte ; il n'a pas craint de marquer & le Prince qu'il vouloit exclurre, & celuy qu'il vouloit porter sur le Thrône. Il a entrepris de prononcer sans authorité, sur ce qui s'estoit passé dans l'interieur de la Republique au sujet de la premiere élection du Roy de Pologne ; il a décidé en legislateur souverain, des loix qui doivent subsister en Pologne, & des fondemens de la liberté qu'il a voulu renverser. Le feul menagement qu'il a eû pour elle, a efté de déguifer fes entreprifes fous les apparences d'une protection trompeufe, & fous le voile d'un prétendu Traité que le tumulte des armes enfanta avec précipitation, & que la Republique renduë à elle-même n'a pas crû devoir fuivre.

L'Empereur & la Czarine fe font toûjours expliquez à la Republique, comme on parle à un Royaume tributaire, ou à une nation fubjuguée. Leurs menaces ont efté accompagnées de la marche de leurs troupes jufques fur les frontieres; l'armée Mofcovite eft entrée en Pologne, afin de remplir fes engagemens avec l'Empereur, dans le temps même de l'élection, dans la vûë, & pour étouffer par le bruit des armes les loix & les fuffrages de la Republique.

Cependant la nation Polonoife a deliberé fur l'élection de fon Roy, avec cette tranquillité que la juftice feule peut infpirer au milieu des dangers. Les vœux de la Republique avoient prévenu le retour du Roy de Pologne; fa prefence a reuni les efprits, le champ d'élection n'a retenti que d'une voix en fa faveur, & cette déliberation a efté confommée avec une unanimité dont on n'a pas vû d'exemple dans les faftes de la Pologne.

C'eft cette unanimité qui devoit impofer un filence éternel à fes ennemis, puifqu'elle annonçoit la volonté du Maiftre des Rois; & c'eft cependant ce qui les détermine à fe porter aux derniers excès. Le comble eft mis à la violence; l'armée Mofcovite, par le concert des Alliez, s'avance vers Warfovie; les troupes de l'Empereur & de l'Electeur de Saxe font preftes à marcher fur les mêmes traces, fi les armes Mofcovites ne fuffifent pas pour accabler un peuple libre, qui reclame fes droits les plus inconteftables, & le glorieux ufage de fa liberté.

Que

Que les Cours de Vienne & de Ruſſie ceſſent d'uſur-
per l'auguſte titre de protecteurs de la Pologne: A ce titre
même auroient-elles le droit d'ouvrir, & de fermer les
barrieres qui deffendent l'accès du Thrône vacant ? Ce
n'eſt point en étouffant les droits d'une nation, qu'on
merite le nom de ſon protecteur, mais en la deffendant
contre ceux qui la voudroient opprimer. Le Roy en avoit
donné l'exemple à l'Empereur ; Il ne craint point d'en
prendre à témoin la Republique même & toute l'Europe:
Quoyque S. M. dût ſouhaiter le reſtabliſſement d'un
Prince que la France avoit reçû dans ſes malheurs, &
qui luy eſt uni par les liens les plus ſacrez, Elle n'a rien
exigé des Polonois, perſuadée qu'il n'appartient qu'à la
nation Polonoiſe de rappeller un Prince que les malheurs des temps avoient long-temps ſeparé d'elle.   La
Lettre * de S. M. au Primat du . .   ne reſpire
que la juſtice & la paix : l'Europe y reconnoiſtra la droiture des intentions du Roy; elle y verra combien le Roy
eſt éloigné d'inſpirer au Roy de Pologne des ſentimens
oppoſez aux intereſts de la Republique; & que s'il a ſou-
haité ▉▉▉ empreſſement le reſtabliſſement de ce Prince,
c'eſt pour concourir avec luy à l'obſervation des Traitez
qui intereſſent la Pologne, & contribuer en même temps
à la felicité & à la gloire de cette Republique, & à la tranquillité du Nord.

* Cette Lettre
eſt imprimée
N.° 4.

Ce n'eſt donc point par des vûës d'ambition ou d'in-
tereſt, que le Roy prend les armes. Contente de poſſe-
der un Royaume floriſſant, & de regner ſur un peuple
fidelle, Sa Majeſté ne cherche point à reculer les bornes
de ſa domination. Envain l'Empereur, pour intereſſer
l'Empire dans ſes projets, cherche-t-il à l'allarmer ſur les
deſſeins qu'il attribuë fauſſement à Sa Majeſté. L'Empereur
a voulu la guerre, qu'il a renduë neceſſaire en outrageant

B

le Roy dans ce qui doit eftre de plus facré parmi les Souverains. Sa Majefté fe propofe d'effacer jufques aux moindres
traces de l'outrage que la Cour de Vienne a crû luy faire,
& de foûtenir l'honneur de la France. D'auffi juftes motifs
redoubleront encore l'ardeur des troupes Françoifes : elles
prennent les armes avec empreffement pour vanger leur
Roy, & pour empefcher d'illuftres alliez de fuccomber fous
les forces que l'Empereur a fufcitées contre eux. C'eft au
Dieu des armées à donner la victoire : le Roy peut l'invo-
quer avec confiance, & efperer que fes fuccès refpondront
à fa moderation, à fa patience, & à la pureté de fes fentimens.

COPIE DE LA DECLARATION
faite au nom du Roy, au mois de Mars 1733.

L E ROY fuspendroit encore fon jugement, fur l'objet du N.º 1. corps confidérable de Troupes que l'Empereur fait marcher vers la frontiére de Pologne, fi les declarations faites par la plufpart des Miniftres Imperiaux, pouvoient permettre de douter du defir & même du deffein de contraindre les Polonois. A la vûë d'un projet auffi hautement declaré, Sa Majefté ne peut diffimuler, qu'outre l'intereft commun que tous les Princes ont de maintenir la liberté de la Pologne, fa dignité, & le rang qu'elle tient parmi les Puiffances de l'Europe, la mettent en droit, & l'obligent même à prendre part aux affaires qui peuvent troubler la tranquillité generale. C'eft dans cette vûë que le Roy a déja fait affûrer les Polonois, qu'il maintiendroit, autant qu'il feroit en luy, la liberté entiére des fuffrages, & il ne fe départira jamais de ces principes d'équité. Sa Majefté croit donc devoir declarer qu'Elle ne pourroit regarder toutes démarches ou entreprifes faites pour contraindre leurs fuffrages, que comme un deffein de troubler le repos de l'Europe : Sa Majefté ne pourroit donc fe difpenfer alors, d'agir avec le zele & la fermeté que l'importance de la matiere le requiert.

DECLARATION de l'Empereur, en refponfe
de celle de Sa Majefté.

L'EMPEREUR n'a pas jugé digne de fon attention, les infi- N.º 2, nuations mal fondées, qu'on employoit en Pologne pour détourner les bons Patriotes à mettre leur confiance en un Prince ami, voifin, & allié, qui à l'exemple de fes auguftes Prédeceffeurs, bien loin de permettre qu'on donne la moindre atteinte à la liberté de la Republique, & à fa conftitution, telle qu'elle fe trouve eftablie par les loix, en fera toûjours le plus ferme appuy : Garant de cette liberté, en vertu des *Pacta conventa* qui depuis deux fiécles subfiſtent entre l'auguſte Maiſon d'Auſtriche, & les Sereniſſimes Rois de Pologne, & la Republique de ce nom, le ſoin de la maintenir contre les entrepriſes de qui que ce ſoit, le touche principalement; & bien loin que ſes Miniſtres ayent imité ceux qui prétendent borner les ſuffrages d'une Nation libre, à un ſeul ſujet, ils ont déclaré dès le commencement de l'interregne, tant de vive voix, que par écrit, Que l'Empereur ne ſouffrira pas, qu'aucuns moyens contraires aux droits d'une libre élection, tels qu'ils ſe trouvent eſtablis par les conſtitutions preſentes du Royaume, y ſoient employez, quand même on voudroit s'en ſervir pour faire monter ſur le thrône de Pologne un Candidat, qui d'ailleurs luy ſeroit agréable.

Tels eſtant donc les ſentimens de ce Prince, & tels eſtant encore ceux de ſes Alliez, dont il eſt inſéparable, il ne pouvoit qu'eſtre extrêmement ſurpris, que par une declaration conçûë en des termes peu meſurez, & reſpanduë avec une affectation indé‑cente, on ait voulu faire tomber ſur luy un reproche, qui conviendroit mieux à ceux qui agiſſent par des voyes & des principes oppoſez.

Souverain dans ſes Eſtats héréditaires, il n'a à rendre aucun compte de la marche de ſes Troupes en Siléſie; la juſtice qui regle toutes ſes actions, ne laiſſe aucun doute ſur le but qu'il s'eſt propoſé; & il fera paroiſtre en cette occaſion, comme en toute autre, autant de droiture en ce qui regarde les droits d'autruy, que de fermeté à ſoûtenir les ſiens & ceux de ſes alliez.

COPIA DECLARATIONIS Imperatoris, ipſiuſque Fœderatorum.

N.º 3. *SPERABAM, Celſiſſime Princeps Primas, quod declaratio à me nuper facta, litteræque auguſtiſſimi Imperatoris Romanorum ad Celſitudinem veſtram directæ, non alium, quam clara verba ſonant, interpretabuntur ſenſum.*

Inaudio contrarium; nam ſicut antehâc ſcripto publicabatur, quod Legati & Miniſtri aularum extranearum declarationes ſuas minis & terroribus liberæ electioni inconvenientibus notum faciebant, quod ad Tronum Polonum, alium eligere non permiffuri fint, nifi talem qui illis ad placitum effet : ita de facto contrarius fpargitur rumor, quod nempe vicinæ fibi fœdere junctæ potentiæ ab aliis Reipublicæ colligatis timeant, diffeminando quid & à quo cuilibet illorum eventurum fit mali, & quod hæc vicinarum potentiarum unio brevi diffolvetur tempore.

Hinc denuo declarare neceffe duxi, quod vicini non timeant, fed ament Rempublicam, uti ex nuperâ fatis patet declaratione.

Quod liberæ gentis fuffragia in arctos unius fubjecti limites, ad exemplum aliorum reftringere nolint, nec ullâ vi armorum, fed folum quâ veri amici & confœderati, vi Pactorum conventorum & fœderum, iis fe opponere, qui contra conftitutiones & leges, pacem publicam turbare vellent. Habent enim fufficientes à Deo fibi conceffas vires, ut & contra quofcumque adverfariorum conatus liberum electionis jus Reipublicæ propugnent, & fe ab iis qui hoc impedire, illofque contra omnem juftitiam offendere vellent, deffendant.

Ideoque, nec timent, nec terrent, fed amica confilia & quidèm vi Pactorum & Guarantiæ præbent : & denuo hortantur, ut liberis ac unanimibus Poloniæ fuffragiis ejufmodi Rex quifcumque ille demum fit, eligatur à quo nec Reipublicæ libertati periculum, nec vicinis excitandarum metus immineat, nec neceffe fit prudentiffimæ ad futuram electionem congregatæ libertati novas ulteriores facere declarationes: fed ut ex nunc ita conveniant, ut falva maneat libertas electionis, pax Reipublicæ, fimulque vicinorum ac totius Europæ.

Quod autem de diffenfu cum Auguftiffimo Imperatore foedere junctarum Potentiarum fpargitur, præfentes declarabunt Miniftri, quod infeparabiles fint, unum idemque fentiant, & *Rempublicam nequaquam opprimere, fed illius libertatem ejufque leges ac conftitutiones illæfas confervare, ficque pacem & tranquillitatem Reipublicæ & vicinorum femper deffendere velint.*

Imputet Refpublica fibi & non vicinis, fi hæc non confervabitur; & fi hæc declaratio non fatis clara eft, declarabit eventus.

LETTRE du Roy, au Primat, du 6. Juillet 1733.

N.° 4. MON COUSIN, je vois avec plaifir par voftre Lettre du 10. Juin, que la Sereniffime Republique de Pologne attend de moy les mêmes fentimens d'amitié, dont les Rois mes predeceffeurs ont toûjours cherché à luy donner les marques les plus diftinguées. Animé du feul amour de la liberté, qui eft le droit naturel & fondamental de voftre patrie, vous n'en defirez pour elle que l'entiére joüiffance; & vous luy preparez une gloire immortelle, en annonçant à toute l'Europe, que quelque choix que la Sereniffime Republique faffe, elle veut toûjours obferver exactement & religieufement les Traitez d'alliance, faits & renouvellez avec fes voifins. Quel appuy, & quelle protection ne doit pas efperer un Royaume qui fe conduit par des fentimens auffi purs, & dont il n'eft pas permis de douter, lorfqu'un Prelat auffi connu que vous par l'efprit de verité, & auffi bien inftruit des maximes de fa nation, en porte l'affûrance aux yeux de toutes les Puiffances de l'Europe! Je la reçois perfonnellement avec une veritable fatisfaction; Et preft à feconder, & foûtenir en toutes occafions des principes fi juftes, & fi conformes au bonheur de la Couronne de Pologne, & à la tranquillité du Nord, j'en feray avec joye le fondement de la protection, dont j'ay chargé le Marquis Monti de donner les plus fortes affûrances à la Sereniffime Republique. Veuille le Seigneur, par une fuite des benedictions qu'il a fi fouvent & fi vifiblement refpanduës fur la Pologne, infpirer l'efprit d'union & de concorde, & réunir les fuffrages fur un Sujet, dont les fentimens luy foient affez connus, pour qu'elle puiffe compter qu'il ne fe fouviendra que de ce qu'il devra au bonheur & au maintien de la tranquillité de fa patrie, auffi bien qu'à la gloire & propagation de noftre Sainte Religion. Sur ce, &c.

A PARIS, DE L'IMPRIMERIE ROYALE. 1733.